CIENCIA DE COMPUTACIÓN: CONCEPTOS ESENCIALES

# CÓMO DESCOMPONER PROBLEMAS EN LAS CIENCIAS DE COMPUTACIÓN

BARBARA M. LINDE

TRADUCIDO POR ALBERTO JIMÉNEZ

PowerKiDS press

New York

Published in 2019 by The Rosen Publishing Group, Inc.
29 East 21st Street, New York, NY 10010



First Edition

Translator: Alberto Jiménez
Editorial Director, Spanish: Nathalie Beullens-Maoui
Editor, Spanish: Ana María García
Book Design: Reann Nye

Photo Credits: Cover Maksim Kabakou/Shutterstock.com; p. 5 SpeedKingz/Shutterstock.com; p. 6 Science & Society Picture Library/SSPL/Getty Images; p. 7 (left) ablephoto/Shutterstock.com; p. 7 (right) Daboost/Shutterstock.com; p. 9 fotoinfot/Shutterstock.com; p. 11 Jacob Lund/Shutterstock.com; p. 13 David Buffngton/Blend Images/Getty Images; p. 14 Brand X Pictures/Stockbyte/Getty Images; p. 15 fizkes/Shutterstock.com; p. 17 michaeljung/Shutterstock.com; p. 18 iinspiration/Shutterstock.com; p. 19 Bloomberg/Getty Images; p. 21 nullplus/Shutterstock.com; p. 23 KK Tan/Shutterstock.com; p. 25 Dragon Images/Shutterstock.com; p. 26 maximino/Shutterstock.com; p. 27 FatCamera/E+/Getty Images; p. 29 https://commons.wikimedia.org/wiki/File:Two_women_operating_ENIAC.gif.

Cataloging-in-Publication Data

Names: Linde, Barbara M.
Title: Cómo descomponer problemas en las ciencias de computación / Barbara M. Linde.
Description: New York : PowerKids Press, 2019. | Series: Ciencia de computación: conceptos esenciales | Includes index.
Identifiers: LCCN ISBN 9781538334041 (pbk.) | ISBN 9781538334034 (library bound) | ISBN 9781538334058 (6 pack)
Subjects: LCSH: Computer science—Juvenile literature. | Computer programming—Juvenile literature.
Classification: LCC QA76.23 L56 2019 | DDC 004—dc23

Manufactured in the United States of America

CPSIA Compliance Information: Batch #CS18PK: For Further Information contact Rosen Publishing, New York, New York at 1-800-237-9932

# CONTENIDO

# AFRONTAR PROBLEMAS DIFÍCILES

¿Alguna vez has planeado una fiesta u organizado un viaje? Probablemente escribiste un resumen sobre un libro. Tal vez has tocado un instrumento en un concierto escolar o has hecho una prueba para un equipo deportivo. ¿Alguna de estas actividades te pareció abrumadora? ¿Te agobia la idea de tenerlo todo terminado y de que todos estén en el lugar correcto a la hora adecuada? ¡No estás solo!

Muchas de las actividades que realizamos son complejas. Implican un montón de partes, y todas tienen que encajar. Piensa en cómo trabajaste. No hiciste todo a la vez. En vez de eso, dividiste la actividad en tareas más pequeñas. Eso es lo que hacen quienes trabajan en computación cuando se enfrentan a un problema.

Sigue leyendo para descubrir cómo se abordan los problemas difíciles cuando se trabaja en computación.

La planificación de un evento requiere mucho tiempo y organización.

# FUNDAMENTOS DE LA COMPUTACIÓN

Probablemente trabajes con computadoras ahora, pero ¿sabías que estabas involucrado en computación? La computación es el estudio de las computadoras. Las computadoras se utilizan para resolver problemas. La caja de la computadora, el monitor, el ratón y el teclado se denominan ***hardware***. El *hardware* dentro de la caja incluye alimentación, ventilador, disco duro, placa base, etc.

## ALAN TURING
**(1912–1954)**

Alan Turing fue un brillante matemático británico y uno de los primeros científicos computacionales. En 1936, inventó una máquina de computación llamada Turing. La mejoró notablemente cuando diseñó el motor de computación automática (ACE) en 1945. Máquinas como esta tenían memoria que podía almacenar programas. La máquina Turing sirvió de modelo para las primeras computadoras electrónicas digitales.

El disco duro, la placa base y otras partes del *hardware* están dentro de la caja del equipo (Derecha). El *software* alimenta las aplicaciones que se muestran en estos iconos (Izquierda).

El término ***software*** no significa "partes blandas": se refiere a las partes que no son *hardware*. El *software* es el conjunto de instrucciones que le indican al *hardware* qué hacer. El *software* del sistema le indica al *hardware* y a otros *softwares* cómo trabajar juntos. El *software* de aplicación realiza una **función** específica. Cuando las computadoras trabajan juntas, usan *software* de red.

# ¿QUÉ ES LA DESCOMPOSICIÓN?

Cuando los informáticos tienen un problema, como la creación de un **programa** o **aplicación**, utilizan un proceso llamado **descomposición**. Eso significa que dividen el problema en otros más pequeños. Cada pequeño problema puede ser examinado y resuelto por sí mismo. Cuando las respuestas a los pequeños problemas se combinan, dan la respuesta al problema grande y **complejo**. El uso de este proceso puede tomar algún tiempo. Sin embargo, el resultado es un programa que funciona bien y no tiene errores que deban ser corregidos.

También es útil la descomposición para averiguar cómo funciona un sistema ya existente. Supongamos que quieres entender cómo funciona un reloj de pulsera. Podrías pedirle a un experto que te muestre todas las partes y ver cómo funciona cada parte por separado y bien, cómo trabajan todas juntas.

### CONEXIÓN COMPUTACIÓN

Según Data USA, más de 1.7 millones de personas en Estados Unidos trabajan en tareas relacionadas con la computación en alguna de sus formas.

Quienes trabajan en computación colaboran juntos para crear programas.

# ¿POR QUÉ ES IMPORTANTE DESCOMPONER?

La descomposición ayuda a los informáticos a resolver problemas difíciles. Los informáticos utilizan la descomposición para planificar qué, cuándo, cómo, por qué y dónde se debe trabajar cada parte de un proceso. La descomposición muestra cómo cada pequeña parte se relaciona con las otras y con el producto final. Cada parte puede ser entregada a un trabajador o equipo diferente y así trabajar varias piezas a la vez. Esto ahorra tiempo y dinero.

No solo los científicos computacionales usan la descomposición. Los ingenieros que hacen una nueva carretera o los arquitectos que construyen un rascacielos también la usan. Tus padres la utilizan para cocinar la cena o planear un viaje. Si has escrito un informe acerca de un libro, también has utilizado la descomposición.

## FORMAS DE TRABAJAR

Hay varias maneras de trabajar con el proceso de descomposición. Puedes hacer una lista de todas las tareas. Las personas a quienes les gustan las imágenes o los diagramas pueden crear un organizador gráfico. Otros podrían escribir cada paso en una nota adhesiva y ponerlas en una pared o una pizarra. En tu caso, podría cobrar una forma totalmente diferente. ¡Utiliza la técnica que más te convenga!

La descomposición ayuda
a los científicos computacionales
a resolver problemas difíciles.

# DESCOMPONER UN SÁNDWICH

Usemos el proceso de descomposición para hacer un sándwich. Aquí están las tareas.

Ve a la cocina. Piensa en el tipo de sándwich que quieres. Haz una lista de herramientas, suministros y acciones. Escribe cada artículo y acción bajo el título correcto. Organiza las herramientas (cuchillo, tabla de cortar, plato) y los ingredientes (dos rebanadas de pan, un frasco de mantequilla de maní, un frasco de mermelada).

Ahora haz el sándwich. Pon el pan en la tabla de cortar. Usa el cuchillo para extender mantequilla de maní en una rebanada de pan y la mermelada en la segunda rebanada. Coloca la segunda rebanada de pan encima de la primera. Corta el sándwich por la mitad y ponlo en el plato. ¡Felicitaciones! Has utilizado con éxito el proceso de descomposición.

### CONEXIÓN COMPUTACIÓN

Puedes utilizar la descomposición para descomponer casi cualquier problema. Pruébalo alguna vez para vestirte, aprender una canción o hacer la tarea.

¿Qué herramientas y suministros necesitas para hacer un sándwich de mantequilla de maní y mermelada?

# ALGO FALTA

Supongamos que dejaste el cuchillo fuera de la lista de herramientas. Sería desagradable untar mantequilla de maní y mermelada con los dedos. Tienes que parar, buscar el cuchillo y utilizarlo: esto es pérdida de tiempo. O imagina que pones la mantequilla de maní en el pan antes de comprobar si tenías mermelada. Si no hubiera mermelada de ningún tipo, tendrías que detener la preparación de tu sándwich e ir a comprarla: sería una pérdida adicional de tiempo. O podrías continuar, pero comerías un sándwich de mantequilla de maní sin mermelada. ¿Y qué podría suceder si te saltaras un paso, como cortar el sándwich por la mitad? En cualquier caso, tu sándwich no sería exactamente como el que querías.

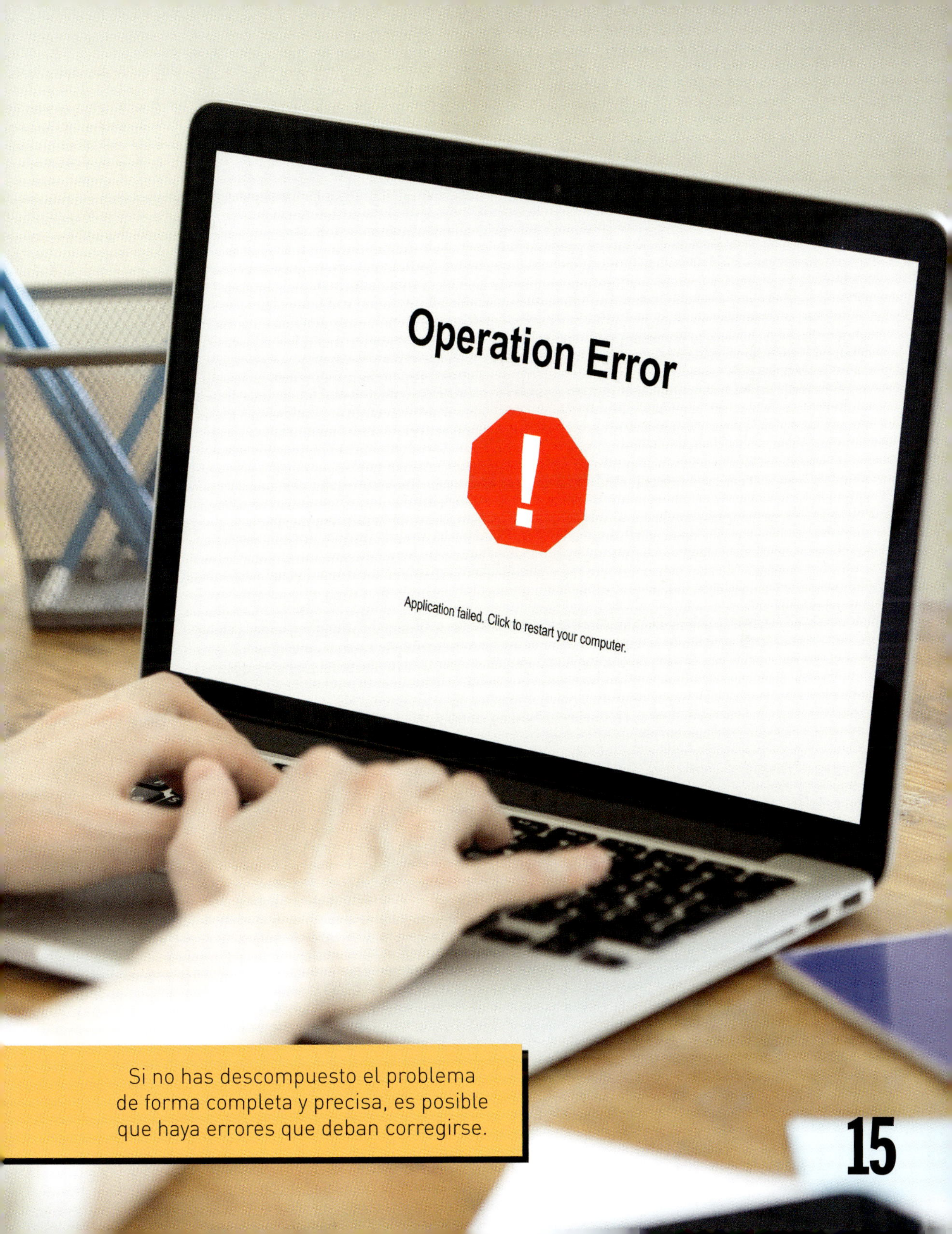


Si no has descompuesto el problema de forma completa y precisa, es posible que haya errores que deban corregirse.

# PLANEAR UNA FIESTA DESCOMPONIENDO

Veamos cómo el proceso de descomposición puede ayudarte a planear una fiesta. Descompón el problema en tareas más pequeñas, como las siguientes. Decide una fecha y hora. Calcula en cuánto tiempo tienes que hacer la planificación. Fija un **presupuesto**. Haz tu lista de invitados y decide cómo y cuándo avisar a todos. Encuentra un lugar dónde celebrarla. Piensa en el refrigerio que quieres servir.

Planea el entretenimiento, si has pensado en alguno. Piensa en los adornos que quieres y dónde los pondrás. ¿Qué podría pasar si dejas de lado una tarea?

Si se te olvidó incluir adornos, la fiesta podría continuar sin dificultad, no pasaría nada. Pero ¿y si no recordaste que tenías que enviar las invitaciones? Todo tu trabajo habría sido en vano.

Lo mejor es anotarlo todo para tener presente todas las tareas y no dejar de hacer alguna tarea esencial.

Es mejor escribirlo todo
para que puedas ver todas las tareas.

# LENGUAJES DE PROGRAMACIÓN

Cuando descompusiste las tareas relacionadas con el sándwich y la fiesta, probablemente escribiste tus notas en inglés. O en español, japonés u otro idioma que entiendas. Los programadores usan lenguajes especiales para comunicarse con las computadoras. Hay muchos, como Python y Java.

Los **lenguajes de programación** utilizan un código compuesto por palabras y números combinados de manera

## ¿CUÁL ES EL TUYO?

La NASA, YouTube y Google usan Python, porque es bueno para gestionar tecnologías de la información, ingeniería y diseño. Java se utiliza a menudo para programas educativos, bancarios y de atención médica. También funciona correctamente para los videojuegos. El HTML, o lenguaje de marcado de hipertexto, se utiliza para diseñar páginas web y enviar correos electrónicos.

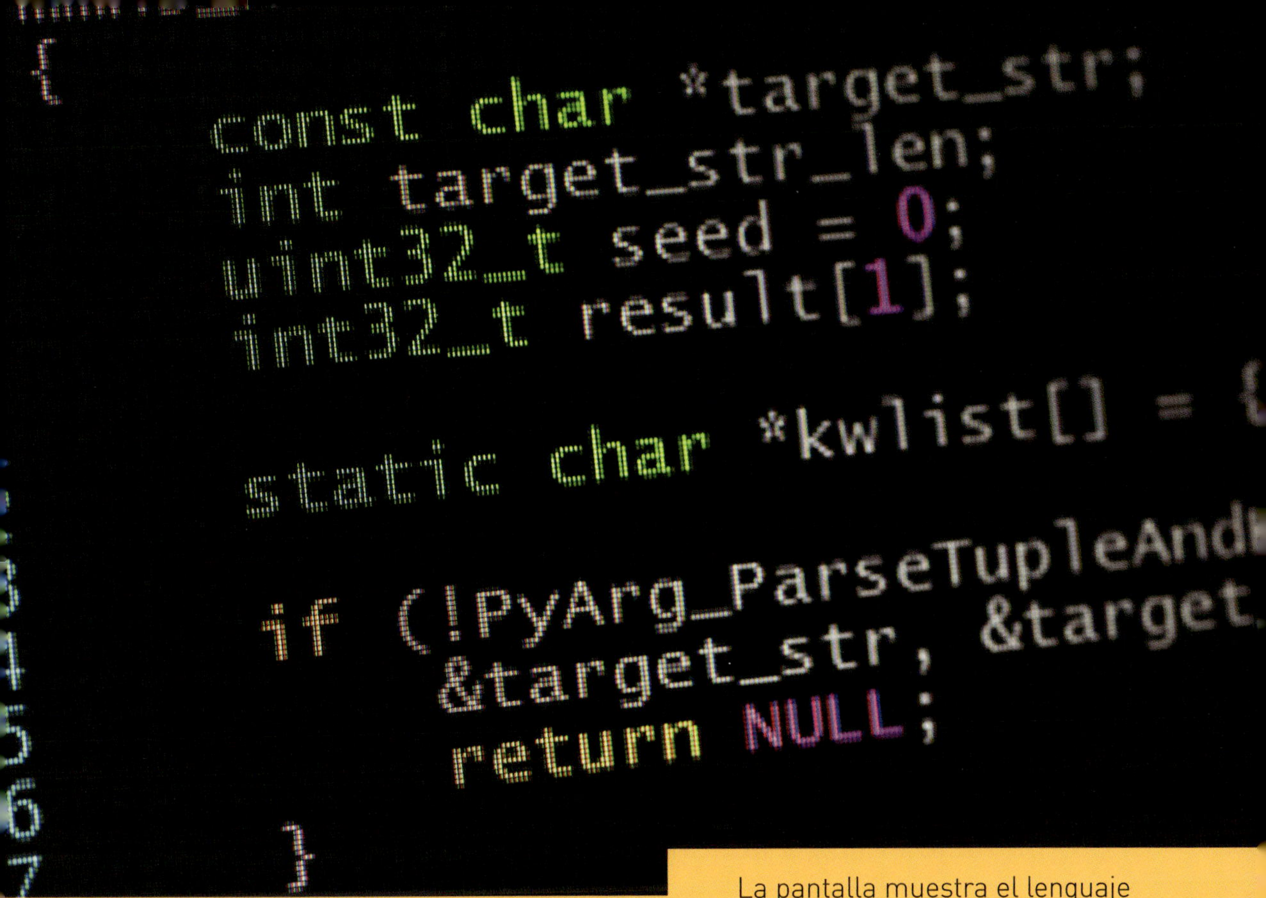


La pantalla muestra el lenguaje de programación Python.

muy concreta para dar instrucciones a la computadora. Los programadores son extremadamente cuidadosos y precisos cuando escriben **código**. El código tiene que ser totalmente correcto o el programa no funcionará.

Piensa en la fiesta otra vez. Si elegiste la fecha del 3 de mayo, pero escribiste 4 de mayo en las invitaciones, tu fiesta será un fracaso.

# USAR ALGORITMOS

Si alguna vez has sumado, restado, multiplicado o dividido números, entonces has usado **algoritmos**. Un algoritmo es un conjunto de instrucciones para realizar una tarea en una secuencia y con un número determinado de pasos. Una receta en un libro de cocina es un ejemplo de algoritmo. También lo es una lista escrita de instrucciones.

Un algoritmo de computadora tiene que estar escrito de una manera que la máquina pueda entender, lo que implica el uso de código y un lenguaje de programación. El programa le indica a la computadora cada paso a seguir. Un algoritmo le dice, al programar, cómo seguir correctamente esos pasos. Siempre tiene un punto de partida, una lista de instrucciones y un punto de llegada. Para planificar tu fiesta, el algoritmo comienza con la configuración de la fecha. Termina cuando llegan tus invitados.

### CONEXIÓN COMPUTACIÓN

Algunos algoritmos deben realizarse en una secuencia u orden determinado. Un algoritmo para hornear una torta te indicaría cómo hacerlo paso a paso.

Los programadores escriben algoritmos para decirle a la computadora qué ha de hacer.

# CREA UNA *APP* DE JUEGO

Intenta usar la descomposición para crear una aplicación, o *app*, de juego. Aquí hay algunas preguntas para hacerse. Recuerda anotar las respuestas en un formulario que puedas usar. ¿Qué tipo de aplicación quieres crear? ¿Un juego de búsqueda de palabras o de ortografía? ¿Quieres aprender hechos matemáticos? Quizá quieras construir una ciudad o hacer un viaje. ¿Cuántos personajes hay y cómo son? ¿Puede el usuario cambiar el aspecto de los caracteres? ¿Quién jugará al juego?

Tu audiencia podrían ser niños de tu edad o menores. Puedes diseñar un juego destinado a uno solo o a varios jugadores. ¿Cómo será tu aplicación? Puedes elegir colores brillantes o suaves, seleccionar un fondo en movimiento o estático y hacer muchas otras elecciones de diseño, del número de personajes al tema, pasando por la música.

## IMAGINAR *APPS*

En 1983, Steve Jobs dijo que en el futuro todo el mundo tendría "una computadora increíblemente buena en un libro que puedes llevar contigo y que puedes aprender a usar en veinte minutos". A mediados de la década de 1990, se desarrollaron aplicaciones que hicieron realidad su visión. Hoy en día, muchos llevan *smartphones* que utilizan aplicaciones.

Usa tu imaginación y el proceso de descomposición para diseñar una aplicación impresionante.

# PLANIFICAR MÁS *APPS*

¿Qué tipo de gráficos vas a utilizar? ¿Tendrá audio? ¿Deseas música rápida y alegre u otros efectos de sonido? Tendrás que planear qué efectos de audio quieres introducir.

¿Qué *software* quieres escoger? Hay diversos tipos disponibles. Es posible que tengas que investigar y probar para encontrar el mejor.

¿Cómo se moverá el usuario en el juego? Piensa en penalizaciones y bonificaciones por alcanzar ciertas metas. Pueden incluirse movimientos como saltar y correr.

¿Quién probará tu aplicación? Alguien que no te haya ayudado a crear la aplicación sería un gran probador; si quieres asegurarte de que localizará los errores. Antes de empezar a crear tu aplicación, vuelve a leer el proceso de descomposición. Asegúrate de tenerlo todo listo para empezar.

### CONEXIÓN COMPUTACIÓN

Algunos sitios de Internet te permiten crear aplicaciones. La mayoría de ellos no exigen conocer un lenguaje de programación, por lo que son fáciles de usar.

La descomposición ayuda a resolver los problemas de la creación de juegos.

# DR. CLARENCE A. ELLIS

Mientras era un adolescente en Chicago en 1958, Clarence A. "Skip" Ellis tenía un trabajo protegiendo la costosa computadora de una compañía. No se le permitía usar —ni siquiera tocar— la computadora; pero estaba tan interesado en ella que estudió los manuales y aprendió todo sobre la máquina, incluso resolvió un problema. Ellis estudió Matemáticas y Ciencias en la universidad, y obtuvo un doctorado en 1969. Luego enseñó computación y siempre

## APUNTAR Y HACER CLIC

Antes de que se volviera común "apuntar y hacer clic", un operador de computadora usaba el teclado para escribir comandos. Por ejemplo, en lugar de hacer clic en un icono, el operador escribía open *C:\ filename*. O una lista de los elementos de texto en forma de menú aparecía en la ventana de diálogo y el operador usaba las teclas de flecha y tabulación para moverse de arriba abajo por el menú. Luego pulsaría la tecla *Enter* o *Return* para seleccionar lo que quisiera.

Ellis enseñó Ciencia Computacional en varias universidades. Siempre alentó a los estudiantes de minorías a que ingresaran en profesiones de ciencias e ingeniería.

alentó a los estudiantes de las minorías a entrar en profesiones de ciencias. Ayudó a desarrollar la tecnología que permite a múltiples usuarios trabajar en el mismo documento al mismo tiempo y lo de "apuntar y hacer clic". Fue el primer científico computacional afroamericano y recibió numerosos premios por su obra.

# BETTY JEAN JENNINGS BARTIK

Betty Jean Jennings Bartik asistió a una escuela de una sola aula. Estudió Matemáticas en la universidad. Se convirtió en una de las primeras programadoras computacionales. Bartik trabajó con un equipo de otras cinco mujeres en el ENIAC (Electronic Numerical Integrator and Computer), la primera computadora digital electrónica.

Bartik fue colíder del proyecto. Ella y las otras mujeres aprendieron solas a programar la computadora, fueron autodidactas. Bartik también descubrió cómo depurar errores. Más tarde, desarrolló *hardware* y *software* para otras computadoras. “Fue la aventura más grande de mi vida”, dijo sobre su trabajo.

Su universidad, la Universidad Estatal del Noroeste de Missouri, le puso su nombre a un museo de computación. Bartik alentó a muchas mujeres jóvenes a que trabajaran en ciencia y tecnología.

## CONEXIÓN COMPUTACIÓN

El ENIAC funcionó de 1945 a 1955. En ese momento era la máquina calculadora más rápida del mundo. Ocupaba 1,500 pies cuadrados (139 metros cuadrados) de una gran sala.

Bartik fue una de las primeras programadoras del ENIAC.

# UNA CARRERA EN COMPUTADORAS

¿Puedes dividir un problema cotidiano en partes pequeñas? ¿Puedes ver cómo las partes encajan para formar un todo? ¿Puedes trabajar duro? Entonces considera una carrera en computadoras. Empieza a prepararte ahora. Asiste a cuantos cursos de matemáticas puedas. Si tu escuela tiene clases de computación, tómalas. Si no, encuentra a alguien que te enseñe o busca clases o tutorías gratuitas en línea.

Obtén un título universitario de cuatro años en Computación, Tecnología de la Información o Ingeniería de *Software*. Si quieres participar en el desarrollo de nuevos programas y métodos, debes permanecer en el centro de enseñanza durante unos cuatro años.

### CONEXIÓN COMPUTACIÓN

Los programadores ganan unos 80,000 dólares al ano. Los desarrolladores de aplicaciones, unos 100,000 dólares. Los científicos computacionales pueden ganar más de 115,000 dólares.

# GLOSARIO

**algoritmo**: conjunto de pasos que se siguen para resolver un problema matemático o completar un proceso computacional.

**aplicación**: un programa que realiza alguna de las principales tareas a las que se destina una computadora. Comúnmente se le llama *app*.

**código**: las líneas de texto o símbolos utilizados para crear un programa de computadora.

**complejo**: no fácil de entender o explicar; de muchas partes.

**descomposición**: el proceso de dividir algo en fragmentos más pequeños.

**función**: una tarea que algo o alguien realiza.

***hardware***: las partes físicas de un sistema computacional, como cables, discos duros, fuentes de alimentación, teclados y monitores.

**lenguaje de programación**: un conjunto de instrucciones articuladas para ordenar a una computadora lo que ha de hacer.

**presupuesto**: la cantidad de dinero reservada para un proyecto.

**programa**: un bloque de código que se ejecuta en un equipo y realiza ciertas tareas. También llamado *software*.

***software***: programas que se ejecutan en computadoras y realizan ciertas funciones.

# ÍNDICE



# SITIOS DE INTERNET

Debido a que los enlaces de Internet cambian constantemente, PowerKids Press ha creado una lista de sitios de Internet relacionados con el tema de este libro. Este sitio se actualiza con regularidad. Por favor, utiliza este enlace para acceder a la lista: www.powerkidslinks.com/eccs/probs